L'HOMME

SOCIABLE;

OU RÉFLEXIONS

SUR L'ESPRIT DE SOCIÉTÉ;

par D. Philippe Gourdin
avec notte mss de l'aut.

R

38727

L'HOMME
SOCIABLE,
OU
REFLEXIONS

SUR L'ESPRIT DE SOCIÉTÉ.
par D. Philippe Gourdin Bened.

Que ton cœur s'intéresse à tout Etre qui pense.
Pope , *Eſſ. ſur l'Homme* , Ep. 4.

A AMSTERDAM,
Chez MERCUS & ARCKSTÉE ;
Libraires.

M. DCC. LXVII.

PRÉFACE
DE
L'ÉDITEUR.

E nom d'Auteur peut flatter un ambitieux ; celui qui connoît les hommes, le fuit & le redoute : le Sage l'est sans en vouloir porter le nom. Ami de la vérité, il ne s'instruit que pour la connoître & en devenir meilleur. Rien de nouveau ne se presente à son esprit ; les devoirs de l'homme sont aussi anciens que l'humanité. Son propre cœur & la nature, voilà ses li-

A

vres ; tout ce qu'il y trouve se grave, pour ainsi dire, dans ses actions. C'est par son seul exemple qu'il prétend instruire les hommes. S'il écrit, la vérité & la vertu conduisent sa plume ; dès qu'il a cru parler le langage de l'une & de l'autre, les critiques ne l'effraient point ; il y est aussi insensible qu'aux aplaudissemens. Il sait que la plûpart des jugemens des hommes sont faux.

Ce petit écrit montre à chaque ligne une ame citoyenne. Tout Lecteur que le portrait de ses devoirs flatte, parce que son cœur s'y reconnoît, doit le lire avec plaisir. Mais la forme est-elle aussi intéressante que la matiére ? le style a-t'il de quoi mériter des suffrages ? C'est ce que nous ne déciderons pas, c'est au Public à prononcer ; le jugement d'un ami pourroit être suspect.

L'HOMME
SOCIABLE
OU RÉFLEXIONS
SUR L'ESPRIT DE SOCIÉTÉ.

✕✕✕✕✕✕✕✕✕✕✕✕

PREMIÉRE PARTIE.

I.

Origine & nécessité de la société.

'Homme est né pour la société. La raison, la réfléxion, l'inclination, le besoin, l'utilité, le plaisir, tout

A 2

prouve qu'il eſt dans l'eſſence de l'homme de vivre avec ſes ſembla-bles.

Il n'eſt pas bon que l'homme ſoit ſeul ; cela n'eſt pas même poſſible. C'eſt concevoir une ligne ſans points, que d'imaginer deux hommes qui ne ſoient liés entr'eux par aucun raport de néceſſité ou d'agrément.

Le beſoin a formé la ſociété ; les avantages mutuels en ont rendu le lien indiſſoluble.

S'il eſt des Philoſophes qui prêchent l'Egoïſme, c'eſt que la Philoſophie a ſes viſionnaires & ſes fanatiques. Le moi apathique ne ſe comprendra jamais, il n'éxiſte point dans la nature. S'il étoit poſſible, le principe actif qui remue toutes les créatures,

& qui forme ce spectacle si grand, si magnifique, si enchanteur pour un Etre pensant, deviendroit une inaction, une léthargie, image de la mort, plus triste même, plus funeste, plus affreuse que l'immuable horreur des tombeaux.

L'homme est un composé de deux Etres distincts, l'un est esprit, l'autre est corps ; tous deux ont des besoins, & c'est au dehors qu'ils trouvent de quoi les satisfaire.

Les besoins du corps sont aussi étendus, aussi continus, qu'ils sont extrêmes & pressans. Presque tout ce qui éxiste dans la nature est fait pour sa conservation & son entretien. Otez à cette plante ce ruisseau qui l'arrose, cette terre qui la nourrit,

A 3

ce foleil qui la vivifie , cette rofée
qui la défaltére ; la voilà deffechée.
Retranchez toutes ces efpéces cour-
bées vers la terre , coupez ces bras
cultivateurs ; que ces machines à
induftrie ceffent de fe remuer , de
s'agiter , que deviendra l'Egoifte
indolent ? il périra.

Les befoins de l'ame font encore
plus grands ; fes raports font pref-
que infinis. Et fans prendre l'ame du
côté de l'intellect , fans éxaminer
combien un efprit a befoin des autres efprits pour fa culture , prenons
l'ame du côté du fentiment.

Les paffions font , pour ainfi dire ,
le fang & les nerfs de l'ame ; il leur
faut une pâture , & c'eft au dehors
d'elles-mêmes qu'elles la trouvent.

Les objets extérieurs font l'huile de cette lampe qui s'éteint, fi on ne l'entretient à chaque instant.

L'amour de nous-mêmes est une idole placée dans notre cœur, les objets qui nous environnent en font le piédestal ; renversez-le, la statue tombe & se brise.

Prenez un homme, prenez même un de ces philosophes qui, contens d'eux-mêmes, regardent avec dédain le reste des mortels, faites l'anatomie de fon ame, rendez-la à fa fimplicité premiére, arrachez tout ce qui ne lui apartient point, cette estime des hommes, cet amour de la gloire, ces attaches à mille chofes fouvent méprifables & ridicules ; que fon ame devienne une fub-

ſtance totalement indépendante de
tout ce qui éxiſte : laiſſez ce Philo-
ſophe à lui-même , ſon ame ſe re-
plie , ſe hait , s'anéantit , s'il eſt
poſſible de le dire.

<hr/>

I I.

Devoirs généraux de la Société.

LA ſociété eſt cet aſſemblage
d'hommes répandus ſur la ſurface
de la terre ; c'eſt , en lui circonſcrivant
un cercle plus étroit , l'enceinte d'un
Royaume , d'une Ville , &c.

Aux yeux du vulgaire tous les hommes ſont ſemblables ; s'il met entre
eux quelque diſtinction , c'eſt celle
du rang & de la fortune. Un œil phi-
loſophe perce l'écorce , il découvre

une variété de caractéres & de paffions prefqu'infinie ; & cette connoiffance eft la bafe de fa conduite.

Les paffions font le caractére, &
les paffions quoiqu'infiniment variées,
peuvent fe placer en deux claffes,
celles qui font fortes & celles qui
font douces ; les premiéres ruinent
la fociété, les autres en font le fou-
tien.

Un éxamen férieux des paffions
violentes en eft le reméde. Elles
troublent fi fort la tranquillité de
l'ame, elles renferment toujours quelque chofe de fi ridicule & de fi petit,
qu'elles ne font pas contagieufes.

Les paffions douces font incorpo-
rées avec l'homme ; c'eft une partie
de lui-même qui forme les raports

qui fe trouvent entre lui & fes femblables. Vouloir les détruire feroit
une entreprife auffi inutile que dan-
gereufe : les renfermer dans les bornes d'une jufte néceffité , eft l'effet
d'une raifon fage & éclairée.

Les grandes paffions enfantent fouvent le crime , l'innocence d'une ame
novice en a horreur ; mais trouvant en
foi le germe des paffions douces , il
eft à craindre qu'elle ne fache les
modérer. La féduction eft pire que
la violence. Il n'éxifte peut-être point
de femme affez foible ou affez per-
due , pour ne point s'opofer à la bru-
talité ; il en eft peu au contraire qui
ait affez de vertu pour découvrir des
attaques fourdes , des menées flat-
teufes , pour fe défendre du fenti-

ment. L'eau qui tombe goutte à goutte creuse le marbre , le torrent ne l'effleure pas.

Les paſſions douces étant le lien de la ſociété , que l'homme les connoiſſe donc , qu'il s'en ſerve pour reſſerrer ce lien , qu'il en ſcrute la cauſe , il la trouvera en lui , c'eſt cet amour qu'il ſent pour lui-même , que tous éprouvent comme lui , en voilà la ſource ; toutes les autres paſſions n'en ſont que des branches , des écoulemens , des modifications , des dévelopemens.

L'amour-propre produit toutes les paſſions, il leur donne l'être , & ces paſſions à leur tour le ſoutiennent , l'entretiennent & le nourriſſent ; ce ſont des enfans qui reçoivent le jour

d'un pere qui ne le peut conferver
fans eux ; l'amour, l'amitié, la haine
même, lui fervent d'aliment & d'apui.

C'eft donc en confidérant ce qui
entretient, ou ce qui détruit l'amour-
propre des autres, qu'on connoît ce
qui fortifie ou ce qui rompt les liens
de la fociété.

I I I.

Du Commerce des hommes.

ON ne peut bien vivre avec les
hommes fans en être aimé, pre-
nez-les donc par leurs foibleffes. L'a-
mour-propre eft la bréche par où il faut
pénétrer, mais l'amour - propre a
mille formes ; le rang, l'éducation,
l'âge, peuvent le changer ; il occupe
différens

différens poftes, felon les conditions
& les perfonnes ; il eft quelquefois
fi caché, qu'on peut à peine le découvrir.

Toutes les paffions font comme
les cordes de l'amour-propre ; l'ha-
bileté confifte à ne toucher que celles
qui font tendues, & capables de pul-
fation. Qui va en tâtonnant les ef-
fayer l'une après l'autre, ne réuffira
jamais. Etudiez donc les hommes
avec qui vous vivez. Flattez-les,
mais ne rampez jamais, fervez-vous
de leurs paffions pour le bien & pour
la vertu. S'abaiffer devant eux, eft
fouvent une mal-adreffe, irréparable
qu'on ne pardonne point.

Qui ment pour plaire aux hommes, même aux Grands, ne les

B

connoît point ; la vérité eft la ligne
indivifible qui mene au cœur.

Ne paroiffez jamais être bon ;
cette affectation feroit un reproche
tacite, que les honnêtes gens même
auroient peine à fuporter. L'adreffe
confifte à faire fentir que vous l'êtes
fans le dire ; alors on vous eftime ,
on vous aime. Dans le cœur le plus
corrompu eft encore le germe &
l'amour du bien ; le vice ne fe connoît point ; s'il fe voyoit, il fe feroit horreur ; il emprunte l'ombre
de la vertu. La poffédez-vous ? Comme on fe croit toujours au-deffus de
ceux avec qui l'on vit , on fe croit
meilleur que vous , on eft fatisfait.

Les hommes ont encore des pré-
jugés, ils ont des caprices, connoif-

fez-les, conformez-vous-y ; rien ne les gagne davantage.

Une vertu trop infléxible devient dure & rebute ; souvenez-vous de Coriolan.

'La vraie vertu ne hait que le vice, elle excuse les foiblesses. Comme elle trouve dans l'ame qu'elle habite un fond inépuisable de miséres, elle est compatissante, & sans molir, elle se prête à tout. La vertu ne souffre de passions que ce qui en est essentiel à l'homme : elles sont toutes alors dans un si juste tempérament, qu'on ignore qu'elle est la dominante ; elles sont à l'unison. C'est pourquoi un homme qui a de la vertu n'a presque point d'endroit foible, les autres ne s'en aperçoivent point, son

cœur leur paroît toujours acceffible ;
& ne le foupçonnant pas feulement
de vouloir les pénétrer, ils fe livrent
à lui fans réferve ; & comme il n'en
abufe point , il acquiert peu à peu
fur fes femblables un empire , une
domination plus flatteufe , plus dé-
licate que celle des Potentats.

I V.

Du commerce des Femmes.

Es femmes font plus que la moitié de la fociété, & l'ame de toutes les compagnies ; objets de nos faty-
res & de notre adoration, ce font des
Etres à qui on n'a pas toujours rendu juftice ; fçachons les aprécier. La
beauté dans une femme d'efprit eft

le cadre d'un bon tableau. Une belle femme sans esprit est dans la société ce qu'est un double trumeau dans un apartement.

Une femme qui joint à l'esprit, à la beauté, la dépravation des mœurs, est le monstre le plus dangereux.

Mais une femme qui réunit en soi les graces de la figure, les agrémens de l'esprit, aux qualités du cœur, à la vertu, est la créature la plus parfaite qui soit sur la terre.

L'imagination des femmes est vive, leurs passions le sont aussi.

A la vérité la foiblesse de leur complexion, la délicatesse de leur esprit, ne leur permettent presque pas les grandes passions. Elles s'y livrent cependant quelquefois; alors

B 3

en moins de tems elles font plus de chemin que les hommes, mais cela ne dure point. On diroit que leur ame eſt un compoſé de matiéres combuſtibles & électriques, le moindre choc, la moindre étincelle les enflamme, tout eſt incendie, vous tremblez, tout eſt éteint.

La raiſon n'eſt point un chemin battu par les femmes, c'eſt le goût c'eſt le ſentiment. Voilà pourquoi l'art des femmes nous ſéduit. On ne communique pas la raiſon, mais il ſe fait toujours une tranſmiſſion du ſentiment.

Une femme vertueuſe n'eſt pas celle dont les regards parlent à l'opéra ou à la comédie, on ignore ſon nom, mais on connoît ſon mari par les complaifances peu étudiées qu'il a pour elle , & fes enfans par leur bonne éducation. Le commerce d'une telle femme n'eft défagréable qu'aux hommes qui n'en méritent point le nom.

Mais pour une comme celle-ci ; il y en a mille qui n'ont , pour ainfi dire , ni vice ni vertu, qui participent de l'un & de l'autre ; & c'eft celles-là qu'il eft plus intéreffant de connoître.

La femme née compagne , mais compagne foumife de l'homme , fent en elle un inftinct qui la porte à plaire ; c'eft l'art des femmes , c'eft un bien héréditaire qui paffe de la mere à la fille. Voilà l'origine de la galanterie.

Les femmes d'une certaine condition font indolentes & pareſſeuſes ;
réduites à elles-mêmes , il leur faut
des heures de toilette, des romans, &
du jeu. Toujours inoccupées , elles
prennent aiſément de l'amour , ne
fuſſent que par occupation ; naturel-
lement vaines & capricieuſes , il leur
faut quelqu'un qui les encenſe , &
qui eſſuie leurs boutades. Le commerce de ces femmes eſt le plus or-
dinaire & le plus dangereux pour un
jeune homme. Elles étouffent par
mille bagatelles les femences de bonne éducation qu'il a reçu. S'il faiſoit
réfléxion que ce tems qu'il conſume
à idolâtrer une folle ou une perfide ,
l'auroit peut-être rendu meilleur , il
les mépriſeroit , il les haïroit même

autant qu'elles lui font souvent haïr
dans la fuite le refte de l'humanité.
L'amour eft fils de l'orgueil & de la
flatterie. Un jeune homme croit toujours être aimé conftamment & pour
fon mérite réel ; fi cependant ces
femmes devenoient fincéres, il ver-
roit que cette métaphyfique de nos
anciens romans n'éxifte , & ne peut
même éxifter ; auffi le tems ufe-t'il ce
fard. Alors il ne refte à un jeune homme que le défefpoir d'avoir perdu
fouvent fa fortune, & toujours la fleur
de fes années.

Décompofez l'amour, & vous n'en
prendrez jamais.

Le commerce des femmes eft auffi
indifpenfable qu'il peut être utile,
fur-tout quand elles ont de l'efprit &

des mœurs ; à elles feules apartient
le dernier coup de pinceau de notre
éducation.

La plûpart des femmes font vaines, en général elles veulent plaire ;
ti ez de-là des conclufions de conduite. Les hommes vous pafferont
mille contretems , un feul va vous
perdre chez toutes les femmes.

***

V.

Des Amis.

L'Amitié , cette union de deux
cœurs dont on parle tant, mais
qu'on connoît fi peu dans la pratique ,
eft le nœud le plus ferré de la fociété;
de deux ames elle femble n'en faire
qu'une.

On peut compter deux fortes d'a-
mis, ceux qui en portent le nom,
le nombre en eft affez grand, & ceux
qui le font en effet. Quand on en
trouve un de cette efpéce, on poffé-
de le bien le plus parfait qui foit fur
la terre.

L'amitié du jour n'eft jamais fondé fur rien de folide; les paffions en
font la bafe.

L'amitié de tous les tems, celle
de l'adverfité, comme de la profpé-
rité, n'a pour fondement que l'eftime
réciproque, que des qualités de cœur
infiniment eftimables. C'eft un con-
cert mutuel d'inclinations, c'eft une
incorporation de penfées, de defirs,
de fentimens fondée fur la vertu.

Le befoin, l'occafion, le hazard

nous donnent de ces amis qui n'en
ont que le verni. Intéreſſés à n'être
point connus , les hommes ſont con-
venus que dans ce commerce on pourroit de bonne foi uſer de fourberie
& de menſonge. Il n'y a que cette
fauſſe monnoie qui ſoit marquée au
coin de l'uſage. On ſe trompe , on
s'étourdit par convention , & ce langage plus inconſidéré que faux , ſe
nomme politeſſe.

La véritable amitié doit être nue
comme la vérité. Pour pénétrer dans
ſon ſanctuaire , il faut être tout ce
qu'on paroît. A ce compte , il eſt
bien peu d'hommes qui ſoient dignes
d'avoir un ami , auſſi en eſt-il bien
peu qui en poſſédent.

Un ami n'eſt point un homme
qui

qui nous flatte, ni dont on vante les bonnes qualités, on les sent trop pour en parler. Peu de démonstrations, du sentiment, un cœur, voilà tout ce qu'il faut. Deux amans pleurent, soupirent, souvent tout est mine ; deux amis sentent & c'est tout.

On a peint l'amour, qui peindra l'amitié ?

Souvenez-vous si vous êtes assez heureux pour avoir un ami, que cet ami est un homme, par conséquent un être foible & sujet à bien des défauts. Voulez-vous donc le conserver ? retenez ces maximes, & tirez-en des corolaires analogues aux circonstances.

L'uniformité tue l'amour, & quelquefois l'amitié.

Ne vous fâchez jamais des négligences , & même des fautes d'un ami , elles ne font pas toujours ce qu'elles paroiffent ; avec un tour d'imagination , & plus fouvent encore par réfléxion , ce qui paroît peine , peut devenir plaifir, C'eft fouvent facrifier à l'amour-propre , que de le facrifier quelquefois lui-même.

On voit mieux qu'on eft aimé par ce qu'on devine , que par ce qu'on nous dit ; parlez donc peu , mais agiffez beaucoup, & fur tout à propos. La véritable amitié ne fait point naître les occafions , elle les attend & en profite,

Quelques momens d'indifférence , quelques froideurs même bien ménagées , ne font que refferrer les nœuds de l'amitié. Nous ne fentons jamais plus le prix d'un bien qu'au moment où nous croyons qu'il va nous échaper. Une amitié trop vive & trop fentie, fatigue, épuife l'ame de l'un & de l'autre ; trop d'huile éteint la lampe.

Il eft des amis qu'on n'acquiert point, la nature nous les donne ; tels font la Patrie, le Prince, nos concitoyens, nos parens : les mé-connoître, c'eft être indigne de vivre ; les aimer & les fervir, eft un devoir ; les aimer plus que foi, s'im-moler pour eux, eft la vertu la plus digne d'un homme.

Fin de la première Partie.

C 2

L'HOMME
SOCIABLE,
OU RÉFLEXIONS
SUR L'ESPRIT DE SOCIÉTÉ.

✕✕✕✕✕✕✕✕✕✕✕✕

SECONDE PARTIE.

De la Religion.

L A Religion ne perd jamais à l'éxamen. L'ignorance feule peut la faire méprifer : les paffions la font craindre & rejetter.

C 3

Ses ennemis ne chercheroient point
à la rendre odieuse, si elle étoit plus
connue, & s'ils ne se persuadoient
que la plûpart des hommes confon-
dent la religion, la piété & la dévotion, quoiqu'elles soient très-dif-
tinctes. Mettons-les chacune dans
leur classe, & nous aurons répondu
à la plûpart des reproches des liber-
tins.

La religion est une connoissance
éxacte des principes fondamentaux
des dogmes & de la morale. C'est
une lumière qui éclaire l'esprit, qui,
échauffant ensuite le cœur, produit
la piété, qui n'est que la religion
mise en pratique. La voix des passions peut étouffer celle de la piété,
elle se taît devant ses ennemies ; la

piété peut être chaffée du cœur, la religion y refte & enfante les remords.

La dévotion devroit toujours être le débordement de la piété, mais fouvent elle n'en eft que le mafque, elle dégénere alors en fuperftition, & quelquefois en fanatifme.

La piété eft toujours fondée fur la raifon. Elle eft le germe de la vertu fecréte, du bien fait pour l'amour de lui-même, de cette charité qui s'étend à tout le genre-humain : elle n'a jamais rendu l'homme ni foible, ni crédule, ni dur, ni impitoyable.

La dévotion au contraire, quand elle ne doit point fa naiffance à la piété, eft l'ouvrage de l'imagination. Voilà pourquoi les faux dévots font des animaux dépravés. Ils se font eux-mêmes le point central de leurs bonnes œuvres, ce qui les rend superstitieux, jaloux, intraitables, médisans & satyriques ; ce qui fait que les actes de leur commisération portent avec eux une empreinte d'impitoyabilité, de cruauté même, qui rebutent plus que l'insensibilité & le dédain ; ce qui fait enfin qu'on peut être dévot sans être honnête homme, parce que cette fausse dévotion ne pénétre point dans le cœur, & n'en a jamais arraché le vice pour y planter la vertu.

I I.

Des devoirs domestiques.

C'Eſt dans l'intérieur du domeſti-
que qu'on ſe montre tel que l'on
eſt : c'eſt là où la grandeur, dépouil-
lée du faſte , devient ſi ſouvent peti-
teſſe ; & où la vertu abjecte par les
dehors d'un rang ignoble & routier,
reprend ſes droits, ſon luſtre & ſon
éclat.

Qui n'eſtime les hommes que par
le prix & le brillant de la décoration,
ne voit les objets qu'au travers d'un
priſme enchanteur, qui donne à la
plus vile pouſſiére la couleur du plus
beau métal.

En vain la repreſentation en im-

pofe au vulgaire ; il eft des yeux
éclairés qui perceront l'écorce. Ces
feuilles d'or feront levées les unes
après les autres, & l'on verra toute
la mifére d'un bois pourri & ver-
moulu.

Connoître & refpecter les devoirs
de Pere, de Fils, d'Epoux, de Citoyen, les remplir, quoiqu'il en coû-
te, voilà la véritable grandeur.

Des valets actifs, affectionnés,
tempérans, prouvent la vertu du
maître. Aimez vos domeftiques comme vos femblables. Qu'ils vous foient
foumis, mais d'une foumiffion de re-
connoiffance. Qu'ils faffent par inclination ce qu'ils font par devoir.

Croire que la nourriture & quelqu'argent puiffent payer les veilles,

la jeuneſſe & la ſanté d'un homme,
c'eſt une iniquité, c'eſt une eſpéce
de blaſphême contre la nature. Les
domeſtiques, a-t'on dit, ſont des
amis malheureux; ce mot plein de
ſens devroit être continuellement
médité,

Commander avec hauteur, avec
mépris à ſes domeſtiques, & être do-
miné, ſubjugué par ces mêmes domeſtiques, ſont deux contraires preſ-
que toujours unis, j'oſe même dire
qu'ils ſont inſéparables.

Ne vous repoſez jamais ſur les
bonnes qualités d'un valet, parce
qu'il eſt homme : ne lui donnez jamais toute votre confiance ; ſi vous
ne voulez ajouter ſes vices aux vôtres,

Ne faites jamais devant vos domeſ-

tiques ce que vous ne feriez pas devant les personnes les plus respecta-
bles de la ville. C'est autoriser par
l'éxemple, ce que vous défendriez
en vain de paroles.

Soyez égal, l'égalité de conduite
est la vertu de tous les tems, & la
plus nécessaire dans le particulier.

N'ayez jamais de femme pour vous
servir, si vous n'êtes point marié. Je
connois les talens d'une gouvernante,
& son utilité; elle rangera votre mai-
son, mais ruinera votre fortune,
peut-être votre religion & vos mœurs;
le fait n'est pas rare.

Connoissez vos biens, vos terres,
leur fond, leur raport, les différen-
tes qualités du terroir, la valeur des
fruits, les frais de la culture & des
engrais.

engrais. Tout ce détail qu'on anno-
blit chaque jour, & avec raison, ne
devroit point être au-deffous des plus
grands feigneurs.

Ne faites point du plus ancien &
du plus néceffaire des arts, un métier
fervile. Humanifez-vous avec vos
fermiers.

Voulez-vous qu'ils vous payent
éxactement & qu'ils améliorent vos
terres, mefurez-en le prix fur leur
valeur intrinféque, fur leur produit
effectif ou relatif, & non fur le taux
commun. La cupidité enfante la fourberie.

Le *pot de vin* eft une reffource mo-
mentanée qui dégrade fouvent les
terres pendant plufieurs années.

Ne changez jamais de fermiers ;

D

que les enfans héritent de leur pere
le bonheur de vous fervir & de vivre
en vous fervant. Rien de plus inique
que de récompenfer les fervices d'un
bon fermier qui n'a laiffé en mourant
à fes enfans que fon induftrie & fa
probité , en rançonnant fes enfans
malheureux. C'eft couper les nerfs à
un homme qui n'a plus que des bras.

Rendez-vous compte à vous-mê-
me de vos biens, de leur adminif-
tration , de vos dépenfes. Qui con-
fume fon revenu dans le cours de
l'année, eft un blanc dans la fociété.
Si ce qu'il a fuffit à peine à fes dépenfes , fouvent folles & bizarres ,
pourra-t'il obliger un ami , foulager
un miférable ?

Cherchons la grandeur où elle eft ,

& n'embraſſons pas l'ombre pour la
réalité. Il y a tout l'hyver dix feux dans
autant d'apartemens de votre maiſon,
cinq ſont peut-être utiles, les cinq
autres ſont des ſacrifices au luxe;
retranchez-les, donnez-en le bois à
dix familles qui n'en ont point, &
vous ferez cinquante heureux. Cela
s'apélle-t'il dégénérer? Sera-t'il jamais honteux d'obliger ſes ſembla-
bles? On pourroit pouſſer l'induction
plus loin, & vous prouver que ſans
augmenter vos dépenſes, vous pour-
riez ſervir la moitié d'une petite ville,
& devenir le pere de cent familles,
ce titre vous bleſſeroit-il?

✳

I I I.

De l'étude de l'Histoire.

Qui ne connoît que l'humanité, méprise les hommes ; qui connoît l'homme à fond, a des entrailles de miséricorde pour l'humanité. Les défauts de ses semblables l'attendrissent, & la seule marque de compassion qu'il leur refuse, est celle de les imiter. Le premier ne voit les passions que par leurs effets ; le second en a découvert la cause, il a puisé un nouveau degré de force dans la foiblesse qu'il a remarqué dans ceux de son espéce, & leur aveuglement lui est devenu un troisiéme œil.

L'histoire des Empires ne nous

aprend point à connoître les hommes ; elle ne raporte que des événemens , & nous accoutume à juger
comme le peuple. L'histoire d'un
homme nous instruit bien davantage ,
elle nous porte à l'imitation. Aussi
Montagne , qui sentoit cette vérité ,
préféroit-il Plutarque aux autres His-
toriens de l'antiquité.

La vie de dix hommes d'un même
pays , nous font connoître le génie
du terroir , & nous dispose ainsi à
en lire avec fruit l'histoire générale,
& à voir les causes dans leurs effets.

Il y a dans chaque homme , pour
ainsi dire , deux esprits , celui de
l'espéce & celui de la nation. Le premier se connoît par combinaison, le
second par comparaison.

Une chronologie fimple, peu com-
pliquée, quelques époques connues,
voilà qui fuffit pour caffer les faits
& les hommes. Le calcul des tems
eft un poids confié à la mémoire,
qui étouffe le fentiment. Il eft une
chronologie morale plus intéreffante.
Au lieu de dire, par éxemple, en telle
année nâquit Ninus, mourut Xercès,
Annibal gagna une bataille : il faudroit dire, dans tel fiécle Licurgue
donnoit fes loix, Ariftide fut éxilé,
Socrate mourut, les Spartiates étoient
fobres, les Carthaginois commer-
çans & trompeurs, Athènes enfan-
toit des chef- d'œuvres. Il faudroit
diftinguer les tems par les mœurs;
& mettre les Brurus, les Lucrece
bien avant les Séjan & les Meffali-

nes, uniquement parce que Rome
n'étoit plus la même.

Si je lis la défaite de Darius par
Aléxandre, je ne conclurai point que
ce jeune & ambitieux Macédonien
étoit plus habile que le Roi des Per-
ſes ; je n'attribuerai ſon ſuccès ni au
hazard, ni à la fortune, ni même à
ſa caſtramétation, mais aux mœurs
ſévéres de Macédoine & au luxe de
Perſe.

Une géographie qui ſe borneroit
à m'indiquer que tel Peuple eſt à
l'orient & tel autre à l'occident,
qui ne me ſerviroit qu'à calculer le
chemin qu'a fait Annibal pour aller
à Rome, ne ſeroit point véritable-
ment un des yeux de l'Hiſtoire. Elle
doit m'aprendre le local du pays, la

qualité du fol, la température du climat. Alors elle m'éclaire, elle me donne la connoiffance phyfique des hommes & des événemens, comme la chronologie m'en donne une connoiffance morale & pratique.

Le premier Empire fe renferme dans les bornes étroites d'une hutte formée de branches & de gazon ; le premier Roi fut un pere de famille. La loi du plus fort arma l'ambition, la foibleffe devint efclave ; l'induftrie forgea les premiéres chaînes. L'intérêt fit des tyrans. On bâtit des murailles. Le crime & l'opreffion achevent les Royaumes, que la vertu avoit fondé, & dont la légitimité a repris la poffeffion.

L'Hiftoire des Empires n'eft donc

que le tableau en grand de ce qui fe paffe dans le fein étroit d'un domeftique. Elle peut par conféquent, non-feulement former les Rois, mais même les particuliers au gouvernement. Et c'eft fous ce jour que la plûpart des hommes doivent étudier l'Hiftoire pour devenir meilleurs.

I V.

Des Arts.

Es arts font de néceffité, ou de pur agrément, ou mixtes. Les premiers font éxercés par des hommes qui n'ont que des bras. Qui veut fe diftinguer du peuple le méprife, & à tort. On a trop avili ce qui n'eft qu'utile. Il n'eft point d'art fi bas dont un honnête homme ne doive rougir d'ignorer la théorie. Voyez donc avec réfléxion ce que le peuple fait par habitude, voyez en être penſant ce qu'il éxécute en authomate. Nous éxaminons une fourmi qui porte un grain de bled, une abeille qui pícore une fleur & y cueille ſon miel; pourquoi donc n'ouvririons-nous pas les yeux ſur les opérations ſouvent fort curieuſes de nos ſemblables ? L'intérêt & le plaiſir nous y invitent. On peut ſi aiſément ſaiſir les principes d'un art méchanique, qu'il eſt doublement honteux de les ignorer.

Les arts mixtes, parce qu'ils ont toute la beauté des arts d'agrément, & plus d'utilité, comme l'architecture, la phyſique, &c. contribuent

tant au bien de la société, que c'est
une espéce de crime de ne les pas
aimer, & de n'en avoir aucune connoiffance.

Les arts de pur agrément font cul-
tivés par les talens. Le luxe les mul-
tiplie, & femble les amener à leur
point vertical. Si même on en croit
certains Philofophes, rien n'annonce
plus la décadence d'un Empire que
la culture de ces arts. C'est, felon
eux, le mugiffement de la mer qui
avertit de la tempête. L'excès n'est
bon à rien, c'est un vice. La nature
fans les arts est brute, les mœurs
font fauvages. La nature étouffée par
les arts fuccombe, la mode corrompt
les mœurs. Qui polit trop un marbre
le réduit à rien.

Les arts adouciſſent les mœurs, cultivez-les ; pouſſés trop loin, ils les dépravent à force de les amollir, ſçachez vous arrêter. Rien n'eſt mauvais que par l'abus, & cela doit ſe dire encore plus des arts que de toute autre choſe.

Si l'homme étoit aſſez bon, ou aſſez fort pour ne s'occuper continuellement que de ſes devoirs, tout ce qui ne ſert qu'à l'amuſer ſeroit inutile ; mais cela eſt impoſſible. Eh ! qui peut mieux remplir les intermédes qui ſont ſi ſouvent plus longs que les actes, que le pinceau, le compas, ou la lyre ? Les arts ſont le meilleur émerie, & celui qui fait le plus briller les armes. Si Annibal avoit ſçu autre choſe que combattre, Capoue

n'eût

n'eût point énervé son courage.

La solution d'un problême de géo-
métrie, l'éxécution d'une cantate,
le crayon d'un paysage, quelques
rimes égayées par le sentiment, dé-
lassent l'esprit, & défendent le cœur
contre l'ennui d'un loisir inoccupé,
& contre les vices dont il est pere.

Les arts pris par délassement, sont
dans les honnêtes gens ce qu'est le
duvet sur les fruits, une parure qui
les conserve. Ils jettent un nouveau
jour sur notre vie, & pour des yeux
qu'ils ont ouverts un nouvel Univers,
plus riche, plus fécond, plus agréa-
ble que le premier, sort à chaque
instant du cahos.

Le jeu, le vin, les femmes usent nos
sensations, notre fortune & nos mœurs

ils ôtent l'homme à lui-même; les arts le doublent. Le joueur hors de sa sphére perd son éxistance ; le vin réduit l'homme à la condition des brutes ; une maîtresse l'arrache à la société, souvent elle le dégrade.

La honte & le désespoir , la fureur, la haine , la mort même naissent au sein de la volupté. C'est un monstre qui prépare en soûriant, & par la main des graces des poisons mortels.

Les arts rendent l'homme plus sain, donnent de la vigueur à son esprit, ils l'aprochent sans cesse de l'humanité, ils en font un homme & un citoyen. Ce sont des liens de fleurs qui unissent les ames.

V.

De l'amour de son état.

TOUT a sa place dans la nature,
& l'harmonie qu'on y admire,
ne se soutient que par le concours de
toutes les parties.

L'homme seul seroit-il innocent
en rompant cette union ? Il se doit à
l'humanité, à l'état, à sa profession ;
voilà ses raports & ses devoirs. L'ame
est faite pour agir ; la tenir dans l'oi-
siveté, c'est cesser d'en jouir, c'est
outrager le Créateur & la nature.

Il n'est permis de goûter le repos
que quand on n'a plus de devoirs à
remplir, & peut-on n'en plus avoir
tant qu'on est homme & citoyen ?

Tous ces devoirs se renferment
dans les obligations de notre état ;
pour les remplir il les faut aimer. Il
faut des passions pour remuer l'ame ,
& l'amour en est une. Il faut que le
plaisir nous amorce , & l'amour en
est le pere.

Ne point aimer ses devoirs, c'est
haïr le bien ; & qui hait le bien , est-
il honnête homme ?

Pour ne vous jamais dégoûter de
votre état , consultez , en le prenant ,
non l'avarice , l'ambition , ou le plaisir ; mais vos forces & votre cœur.
Quoiqu'on ne puisse trop-tôt se rendre utile , & commencer à vivre ;
cependant c'est dans ce choix qu'il
faut se hâter lentement. Mesurez toute
l'étendue de la carriére avant d'y en-

érer. Mais le fort eft-il jetté? Le choix
eft-il fait? Il n'eft plus tems de dé-
libérer, il faut courir, & ne jamais
s'arrêter.

Dans vos plus pénibles travaux,
faites réfléxion qu'il n'eft pas d'occupation plus rude que de ne rien
faire. Quand la nuit apelle le repos
fur votre hémifphére, favourez le
plaifir d'avoir employé la journée,
augmentez ce plaifir raviffant par la
vue du défefpoir inquiet de l'homme
inutile ; le fommeil reçoit dans fes
bras avec un doux foûrire vos efprits
ou vos membres épuifés. Pour le pa-
reffeux, il n'a point de pavots falu-
taires, il eft armé de ferpens.

L'amour facré de fon état eft le plus
beau préfent que le Ciel ait pû faire

à l'homme. Il étend, il béatifie son
éxistence. Il jouit du passé par la gloire dont il est couronné, il vit déja dans
des tems qui ne le sont point encore
par ses nobles projets. Au milieu des
peines qui assiégent sa vie, son ame
toujours égale, toujours inébranlable
se rit des coups de la fortune, elle
reçoit avec indifférence & ses caresses
& ses mauvais traitemens. Il meurt
paisible, il a vécu.

FIN.

N.ª Plusieurs personnes ont beaucoup critiqué ce petit essai, et surtout l'article IV de la 1.ᵉ partie. elles n'ont tort que dans la précipitation de leur jugement. En général le stile en est trop brillanté, et onysent bien un auteur de 24. ans qui veut mettre de l'esprit partout.

quant à l'art. IV contre lequel se cabrent tout ceux qui connoissent l'auteur et sa profession: voici ce qu'il croit devoir leur répondre.

1.º tout cet article est le résumé d'un ouvrage qui porte le nom d'une femme mais qui est d'un homme habile, et quand on voit par les yeux d'autrui on court risque de voir mal.

2.º cet essai était pour un jeune homme du monde et l'article en question d'autant essentiel.

3.º le hazard a rendu public un écrit que l'auteur n'avoit pas même gardé dans son porte feuille. il n'a pas craint de l'avouer parmis ses amis lorsqu'il a eu l'approbation que lui a donné un docteur de Sorbonne connu dans l'église et dans la République des Lettres par d'excellens ouvrages si... critiques généralement estimés.

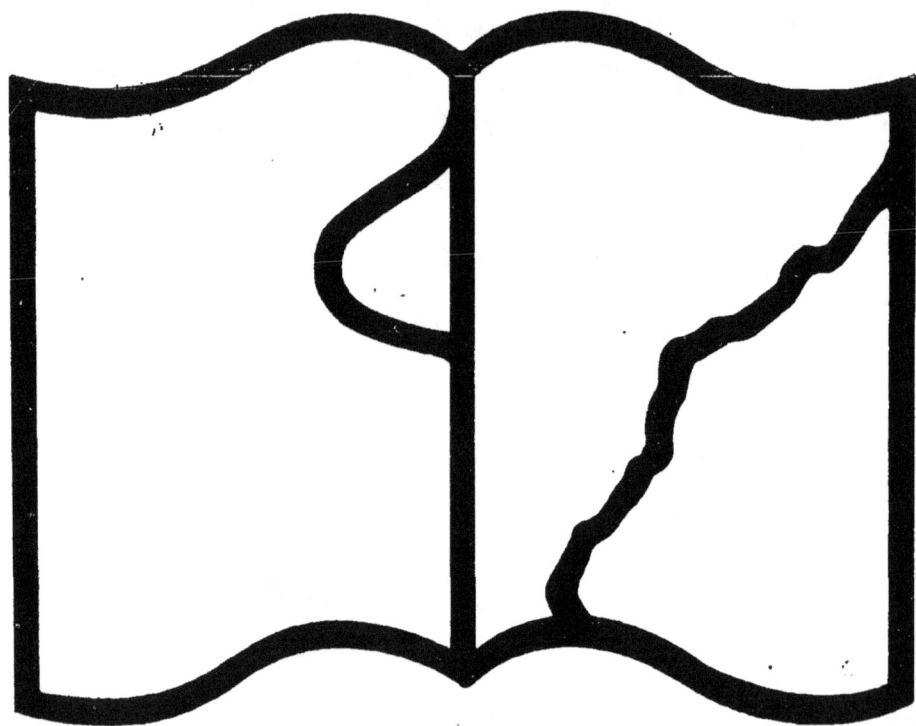

Texte détérioré — reliure défectueuse

NF Z 43-120-11

www.ingramcontent.com/pod-product-compliance
Lightning Source LLC
LaVergne TN
LVHW022144080426
835511LV00007B/1243